봄날의닷스

세상남

"앞에봐 , 앞에봐…"
어머니가 손을 앞으로
내저으시며 앞엘 보라 하셨단다
"앞엘 보라고…"
갓 입학한 입학식에서 뒤에
서 계신 엄마가 궁금하셨던
목사님은 자꾸 어머니가
서 계신 뒤만 쳐다 보셨으리라
목사님의 설교 이 부분에서
삽시간에 눈에 눈물이
가득 차오른다
에고 ~~~
울 엄니도 저러셨는데…
솔직히
죄송하게도 그 설교의 다음은
기억에 없다 눈물이 흐를까봐
애를 쓰느라…
지금도 그 골목에 가면
아직도 엄니는 내게
이런 말씀을 하신다
'앞에 보고 살고
있는거지 ?~~~'

2024. 02. 15 오전 11:24

만둣국을 끓인다고
난리를 치는데
파가 없다
그래서 그냥 하려다
냉동실을 여니
곱게 자른 파가 보인다
언제 이리도 준비를 했을까나
하며 두 줌을 넣었다
만둣국을 먹던 남편이 묻는다
"여기 만두에 향채소 넣었어?"
귀신이다
그 용기를 열고 다시 보니
샐러리다

아 ~~~
주부 고만하고 싶다

2024. 01. 26 오후 12:09

지킬 게 있는 사람은
강하단다
가끔 바보들만 본다는
바보상자 속에서
꽤 멋진 말들이 드글거린다
그래서 바보상자를
보는 건 아니다
바보라서
바보상자가 땡긴다
그 바보짓도 힘든 어느 날
내가 본 주황 중 최고라
생각하는
도넛 가게에 왔다
집에서 읽다 방치 중이던
책 한 권을 집어 들고
커피값 계산할 카드랑
필수템 돋보기랑 그렇게…
커피가 이 집이 참 맛있다
커피랑 글레이즈도넛 하나랑
들고 자릴 잡았다
책이 슝슝 잘 읽혀진다
멋진 주황 덕분이다
오늘은 이렇게
하루를 보내면 되겠다

2024. 01. 13 오후 05:33

나에겐
손주가 둘이다
한 녀석은 하엘
그 동생은 다엘
이름이 비슷해서 작은녀석을 부르면
큰녀석이 반응을 한단다
좋은 날이 되면
우리도 만난다
아무 때나 만나면
자식이라도 실례다
어느 사이든 당연한 건 없다
항상 조심하며
예의가 있어야 한다
큰 손자는 하이 텐션이다
잠시도 가만 있질 못 하는
건강한 녀석이다
아들이 녀석과 장난감 가게 앞에서
실랑이 벌이다 녀석이 울고 내려 온다
"뭐야 ?"
"하엘이가 장난감 때문에 울었어 …."
"사주지 …."
"왠만해야지…"
"얼만데 ?"
"백만원이래" 쭈글 ~~~~~~~
다 사주면 버릇 나빠진다
뭔 장난감이……

2024. 01. 07 오전 08:38

"니가 보고 싶어서
울 준 몰랐어 …"
이적의 '비'라는
노래 한 줄이다
그런 날이 있다
누군가가 보고 싶어서
울컥하는 그런 ~~~~
비 대신 눈이 내렸다
곱게도 내렸다
또 한 계절이 절정이다
이 싫어하는 계절이
내게 말해 온다
"이래도 싫어할래?"
계절이 내린다

2023. 12. 28 오후 04:30

꼭 이럴 땐
맘이 바빠진다
날도 춥고
어둠은 더 어두워져서
칙칙하고 스산하고…
싫단 얘기다
1년을 다 쓰고 보내는 건
그리 쉬운 일은 아니다
아는 이들과
밥도 꼭 한번은 먹어야 하고
헤어지기 싫어
그 어둠을 몰려 다니기도 해야 한다
오래 끊었던 백화점에서
시간도 보내고
그러다 눈에 띈 녀석 ~~~~
엘사 동생이란다
그래서 끌고 왔다
내가 나에게 주는
선물이다
이제 그 녀석과 같이
잘 지내면 된다
너, 대체 몇살이냐구?
ㅋㅋ
몰라도 된단다

2024. 12. 20 오전 07:37

핸들에 난방이 되는 걸 모르고
추울 땐 장갑 끼고 운전했단다
나만 바보는 아니었구나 하며
미소가 지어졌다
어떤 땐
똑똑한거 보다 어리숙하고,
어눌한 것에 매력을 느낀다
나도 좀 어느 정도 내려 놓고
깊이 박힌 마음의 나사도
헐렁하게 풀어야겠다

사 놓은 옛날 난로에 고구마를 굽는데
환청이 들려 왔다
"상남아,
군고구마 사와라…"
듣고 싶은 그 음성을
마음에 안고
살아간다 ~~~~
얼마나 기다려야
다시 만날까?

2023. 12. 19 오전 09:34

손주랑 재미있게 놀았다
특별한 날이어서
귀욤이 둘과 하루종일
즐거웠다
뜀박질 잘 하는 아이는
오랫만이어도 낯가림 없이
척척 손을 내어준다
그래서 나도 동심으로 돌아가
녀석과 뜀박질하며 놀았다
하루 후에
아들이 사진을 보내왔다
"엄마, 대자로 뻗었어…"
그래서 속으로 말했다
'그러니 난 어떻겠니?'
ㅋㅋ

늙으면
재밌어도 힘들다

2023. 12. 16 오전 11:43

자고 일어나니
눈이 하얗게 내리고 있다
하얀 눈이 와서
심란하면 어른이 된 거라는데
난 그러고 보면 벌써부터 어른이다
그러나
그런 것만도 아니다
하얀 눈이 끝없이 내리는데
마음이 쿵쾅댔다
철없는 어른인 게다
하얀 눈이 내려서
내 불평을 창피하게
만들었다
이쁘게 살자

2023. 12. 06 오전 07:13

검정얼룩 냥이와
노랑얼룩 냥이가 있었다
둘은
낙엽 지는 계절을 같이하며
행복해 보였다
그러던 어느 날
노랑얼룩 녀석이 사라졌다
그리곤
그 곳엔 검정얼룩 냥이만
남게 되었다
그래도 꽤나 긴 시간
녀석은 홀로
그 골목을 지켰다
그러다
찬바람이 불어오며
녀석도 그 골목에서
사라졌다

골목은
빛을 잃었다

2023. 11. 29 오후 11:58

김치찌개를 했다
맛이 없다
그래서 특별한 때만 쓰는
비법가루를 사왔다
죄의식을 갖고
아주 쪼끔 털어 넣었다
이래서 비법가루인가 보다
그럭저럭 맛이 잡혔으니…
아마 맛은 괜찮은데
내 맘이 맛이 없는 건지도
모르겠다
공방 마지막 날이다 ^^

2023. 11. 26 오전 11:01

생각해 보면
다 슬픈 일들이다
뚜렷하게 뭐가 슬프다기 보단
산다는 건
그런 거다
생각해보면
다 슬프다
찬바람이 갑자기 불어 와서
눈물이 흘렀다
아부지 닮았다
이 눈물은 슬퍼서가 아니라
찬바람 때문이다
슬퍼서 우는 건 하수다
ㅋㅋ

사실 슬프면
눈물이 안 난다

난 지금
고래의 흰 배쪽을
통과하고 있다
구름 한점 없는 파란 하늘보다
구름 듬성있는
하늘이 좋다
스토리가 있어서다
돌고래도 보이고
멧돼지도 있고
풍성한 하늘이다

이렇게 구름이 좋은 날엔
나오길 잘 했구나
싶어진다

2023. 11. 16 오후 10:56

고래는 꿈을 꿨다
바다를 포기하고
뭍에 도착한 예쁜 고래는
작은 일에도 정성을
기울였다
좋은 재료로 빵도 만들고,
쿠키도 만들고,
커피도 내리며
정성을 쏟았다
카페 앞뜰엔 냥이들이
한자리를 지켰고
그렇게 푸르름도
노란 낙엽도
흰 눈도 함께 했다
그 착실한 고래의 비결은
꿈을 꾼다는 거였다
꿈을 꾸므로 행복했다
난 그 예쁜 꿈꾸는 고래가
어느 순간 비상할 걸 믿는다
비상을 안 하면 어떠랴
행복할 거니까
그게 이미 축복인 걸 ~~~~

2023. 11. 14 오후 07:15

난로를 샀다
그리곤
그 난로에 고구마를
구웠는데 맛나다
조그만 주전자도 샀다
난로 위에서
물은 잘도 끓는다
옛날 물건에
집착을 보이며 좋아라한다
그 옛날엔
이런 난로에 흰 가래떡을
구웠드랬다
난로에 떡이 들러 붙어
엄마한테 혼났던 기억이다
지금은 다르다
이 난로는 내돈내산이라 (ㅋㅋ)
잘 굽고 잘 닦는다
그때도 잘 닦아 놓을 걸…
후회는 항상 뒤늦게 온다

옛날과 함께
살고 있다 ^^

2023. 11. 07 오후 04:01

"당검사 어서 (어디서) 혀유 ?
쬐금 찔러서 막 짜지 말고,
확 찔러유…"
검사를 하려던 간호사가
웃음을 참으려
어렵게 이겨냄이 보였다
(관중들 다들 고요 ~~~)

갑자기 날씨가 추워졌다
독감 예방 접종을 하러 들른
어느 내과에서
그 할매 땜에
지루함을 이길 수 있었다
내 차례라 진료실로 들어섰다
의사샘 왈
"내년부턴 독감주사 공짠거 아시죠 ?"
"흠…"
고렇게 딱 짚어 주지 않아도
아는구만
심통난 얼굴을 안 들키려
재빨리 진료실을
나왔다

아직도 적응 안 되는
나이를 꾸역꾸역 산다

2023. 11. 02 오후 09:30

운동길에 주웠다
낙엽이다
발 밑에 낙엽은
밟을 때마다
푹신하고, 사그락거린다
그 중 눈에 띈 낙엽은
"사랑해요"다
그래서 말해줬다
"고마워 ~~~"
그 녀석을 데려와
책갈피에
꼬옥 눌러놨다 ^^

2023. 11. 02 오전 07:58

"이렇게 아무 것도
하기 싫다니…" 하며
운동시간을 지나쳤다
1 시간을 꾸물거리다
"그래도 운동해야지" 하며
무거운 발걸음을 옮겼다
내가 나를 이기기란
그리 쉬운 일이 아니다

많은 것들이 곧 올 아침을
맞이하고 있다
수많은 낙엽들과
오늘은 늦게 나온 야옹이와
운동길에 안 보였던
새로운 사람들
그러다
한 구석에 곱게 쌓아놓은
하트 모양의 낙엽더미를 보았다
어젯밤에 누군가가
프러포즈를 했을 걸 상상하며
빙그레 웃었다
"좋겠다…"
ㅋㅋ

날이 밝아 오기 시작해서
난 무건 발걸음을 재촉한다 ~~~

2023. 10. 30 오후 04:54

요즘 집중 못 하고
깜빡깜빡한다
하기야
나이 든다는 건
모든 신체 기능들이
아우성을 치는 거니…

오늘 일정을 소화하다
갑자기 집을 나서기 전
고구마를 삶으려
인덕션을 켰던 게
생각났다
머릿속은 이미 엉클어진지
오래다
지인의 차를 타고 집을 들어섰다
도착하자마자 인덕션 쪽으로
달려갔다
뭐지 ???
고구마가 타긴 커녕 불도
올리지 않은 채다
……
요즘 난 이런 걸로
우울하다

2023. 10. 23 오후 01:14

머리가
언제 이렇게나 많이 길었을까
치렁거리는 머리를
귀찮아하며
하나로 묶었다가
두 갈래로도 묶었다
그래도 길어 들어
올림 머리를 했다
"머리가 길어도 불편하구나"
하다가 깼다
오랫만에 꿈을 꿨다
살겠다고 내시경을 한 후로
난 하루가 멀다 하고 꿈을 꿔댄다
장르는 공포물이 대부분
멜로는 꿈에서도 없다
그리곤 틀어올림 머리가
로망이었는데 꿈에서 별 거 아님을
알게 되었다
이렇게 꿈에서 한풀이를 하고야
로망을 접다니…

가을이 너무도 짙어져서
무서운 겨울이 머지 않았음에
마음이 그래서 길을 나섰다
오늘은 내가 안 한 밥 먹기다
돼지김치찌개를 시켰다

그때
마음도 엉망인데
추적추적 비가 왔다
갈 곳이 없었다
겨우 생각한 곳 ~~
초인종을 어렵게 눌렀다
내 몰골을 보시곤
아무 말씀도 없이
근사한 밥 한끼를 차려 주셨다
아주 오래된 얘기다
그렇게 힘들어하며
시간을 살기도 했었다
그러며 만들어진 게
지금의 나다
나쁜 시간은 없다

나쁜 기억도
오래 묵으면
좋은 추억이 된다
우린 다 그렇게
살아가나보다

2023. 10. 26 오후 08:20

돼지고기를 돼지 한 마리로
평생 먹는 방법 :
1. 돼지 한 마리를 산다
2. 먹고 싶을 때 돼지 먹고 싶은 부위를
   얇게 포 뜬다
3. 그 부위를 빨간약을 발라 놓는다
4. 다음엔 다른 부위를 포 떠서 먹는다
5. 역시 그 부위를 빨간약을 발라 놓는다
5. 이런 식으로 무한반복을 한다
 다소 끔찍하게 들릴 수도 있겠으나
이 내용은 나 중학교 시절에 생물선생님의
수업 방식이셨다
물론 우리들은 그 덕분에 생물 시간이
즐거웠었다
인기 만점의 선생님이셨다
가끔 그 장면이 생각 나
혼자 빙그레 웃곤 한다
지금은 어디서
뭘하시며 노년을 보내실까?
보고 싶으다
유쾌한 사람이 최고다
짱짱 !!

2023. 10. 03 오전 10:46

이 나이 먹도록
생각한 적 없이
으레 그래야 하는 걸로 알고
해 온 일들이 있었다
왜 생각해 본 적 없었을까
시간이 많아지니
그런 것들이 보여왔다

긴 연휴의 끝
그 마지막 날이다
하필 오늘 아침에
원두가 떨어져서
좀비처럼 집안을 서성이다가
커피숍에 왔다
커피 한 잔 마시는데
살 거 같았다
오래된 습관은
이래서 무서운 거다
텅빈 커피숍에서
호사를 누린다

2023. 09. 24 오후 07:13

노영심의
'4월이 울고 있네'
좋아하는 곡이다
차를 타니 그 노래가 흘렀다
노래가 주는 힘은
참으로 오래도 가서
어느 순간에 그때를
기억해내고
그렇게 자연스레 그 시간을 마주한다
4월을 조금 일찍
9월에 느끼게 해줬다
벚꽃잎이 흩날렸다
경마공원이었던 기억이다
그리고 바람에
꽃잎들이 비현실적으로
후두둑 떨어졌다
그냥 말없이 그 곳에
앉아 있을 수밖에…
그래서
가을이 오는 길목에서
난 봄을 기다린다
4월이 울고 있었다

2023. 09. 23 오후 08:24

던 * 도너츠를
좋아하신 전도사님이
있으셨다
20년 전 얘기다
그래서 이 매장에 들어서면
그 전도사님 생각이 난다
오늘 오랜만에 들어선
그 도넛 가게엔
새 제품이 있었다
못돼 먹은 녀석이
과자로 만들어져
도넛 위를
활보하는 듯한
초코 도넛이다
물론 집에 데꾸 왔다
며칠 전 의사 샘이 하신
말씀이 귓가를 스친다
"간식 드시면 안 됩니다"
흐음 ~~
하지 말란 게 무지 많은
이 세상에서
너무도 난
오래 살고 있다

2023. 09. 15 오전 11:13

요즘 난 내 몸에서 진동을 느낀다
그럴 땐 내 몸 어느 구석엔가
핸드폰이 있나 하며
내 몸의 이곳저곳을
뒤적인다
왜 그럴까?
모를 일이다
몸이 떨릴만한 일도
없은 지 오래구만…
삶이 너무 귀해서
좀 떨렸으면
좋겠다 ~~~

2023. 09. 09 오후 06:28

엄마는 바느질을
자주하셨다
딸들 옷도 만드시고
요것저것을 만들고
또 만드셨다
그 중에서도 바늘꽂이는 만들고
또 만드셨는데
이유는 딸들 결혼하면 하나씩 둘씩
혼수품에 넣어주려고
끝도 없이 만드셨다 한다
그러다 끝까지 완성을 못 하신
작품이 생겨났다
인형 머리카락과 눈, 코, 입을
완성 못 한 게 몇 점이 있었다
그 마지막을 내가 하기로 하고
언니 집에서 미완성품을 들고
집에 왔다

"엄마도 이러셨겠구나…
에고 ~~~
뭘 그리 딸들 주시겠다고
이 섬세한 일을 하셨을꼬…"
엄마는 지금도 우리 딸들 오면
주시려고 바느질을 계속 하고
계실 게다 ~~ ~
그 좋은 곳에서…

2023. 09. 01 오전 07:23

요즘 또 난 뭔가를 정리하기 시작했다
그러다 오래 전 메모들이 쏟아져 나왔다
2006년 2월 3일의 메모다
"젊었을 땐 예쁜 엄마가 되고 싶었다
그런데 예쁜 엄마들이 너무 많아 포기했다
그래서 공부 잘 하는 아이의 엄마가
되기로 했다
남편이 들어와도 밥도 안 차려주고
아이 공부가 먼저였다
그런데 둘러보니 공부 잘 하는 아이들도
너무 많아 포기를 하기로 하고
그냥 좋은 엄마로 살기로 했는데
그 좋다는 기준이 너무 모호애매한 거다
……
이것만은 꼭 성공하고 싶다"
메모의 끝은 이거다
"이것도 실패다
왜냐구?
이게 젤로 힘든 거였다"
사는 건 그 자체가 힘든 거란다

2023. 08. 26 오전 10:46

언제부턴가
그 잘도 먹던 음식들이
싫어졌다
그 중에서도
닭은 별로 좋아하지 않는
음식이다
그래도 가끔은 먹는다

저녁밥이 하기 싫어서
통닭을 시켰다
통닭 옆에 감자가 웃고 있었다
감자 옆엔 잘게 썬 떡도
함께였다
역시 괜히 시켰다 싶다
그런데 자꾸 스마일 모양의
고구마 튀김이 눈에 들어온다
장난 좀 쳐봐?
ㅋㅋㅋ
다음에도 밥하기 싫은 날엔
스마일 감자만 한가뜩
시켜 먹어야겠다
고 놈 때문에 웃었다

2023. 08. 18 오전 09:55

매년 더웠을텐데
겨울엔 다 잊어버린다
그래서 1년을 사나보다
올해도 그랬다
이리 더울 건 생각을 못한 것처럼…
강아지도 냥이도
바닥에 쓰러져서
누워 있다
가끔 흔들어 보곤
생사를 알곤하며…

틀지 않기로 작정했던
에어컨을 급기야 틀었다
그 날 옆집이 이사를 갔다
그 꼬마도 함께
별 얘기도 없이 지내서
괜찮을 줄 알았다
아니다
많이…그렇다
친하지 않은 이웃이 이사 가도
힘들어 하는 난 쎈언니로 불리는
물캥이다

저녁밥을 다 먹고
잠시 뜸을 들이다
그가 말했다
"수술해야 한대…"
어느 5 월의 얘기다
그리고 두 달이 지났다
그 이후가 문제였다
밥도 잘 못 먹고 ,
그러니 빠진 살은
돌아올 리 없고…
삶이란 게 소용돌이를 친 게
이렇게 이번이 두 번 째다
변화무쌍한 삶이다
너무 평범하면 재미 없을 거 같아서인지
가끔 삶은 요동을 친다
어느 날 과일을 깎아주니
먹더니만 그가 말한다
"이거 뭐야… 맛있네"
처음 먹어본 것도 아닌 과일이구만
하며 혼자 웅얼거렸다
"망고야 , 고맙다 ~~~"

2023. 06. 30 오후 01:41

이 꽃은 이때 피었었구나
매년 이 맘 때쯤 피었을 텐데
빨리도 눈치챘다
능소화란 이름이란 것도
안 지는 얼마 안된다
주홍빛 한아름이 한꺼번에 피더니만
후두둑 후두둑 바닥을 물들인다
젊어선 보이지도 않던 것들
이제사 보이다니
고맙다
같이 가보자 ~~~

2023. 06. 30 오후 01:47

울 동네에서 좋다는 평판이 있는
스시집에 들어섰다
예약제라는데 우리 부부뿐이다
이런 분위기 별론데…
쉐프석에 앉아 주는 대로 받아 먹는데
젊은 쉐프가 뭔가를 물어 왔다
어색하면 겨우 말만 하는
못된 버릇이 있는데 간결하게 내뱉은 말
"네…"
쉐프가 이내
"어머니, 오셔서 30 분 만에
처음 목소릴 들었습니다" 며 웃는다

난 원래 그런 사람이다
나를 수다쟁이로 기억하는 사람들은
다 속은거다
ㅋㅋ

39 년을 한 사람과 살며 그렇게
늙어가고 있다
별 일이 생기지 않는한 내년에도
어느 음식점에선가
우린 어색한 저녁을 먹고 있을 게다

2023. 06. 03 오후 08:42

뒷마당엔
라일락 두 그루랑
앵두나무, 복숭아나무
그리고 모란, 밥풀꽃
그 한켠엔 닭장이 있었다
강아지도 있었다
케리, 쥬리, …
여름이 오면
뒷마당에서 돌멩이 주워서
많은 공기를 했다
많은 공기를 하다보면
여름밤이 깊어갔다
모기향을 피우고 뒷마당 평상에서
하늘을 바라본다
별님이 보인다
반짝이던 별님들
그러나
이젠 없다
별님도 쥬리, 케리도
많은 공기도
라일락나무도…

2023. 05. 27 오후 06:46

어머니 병원비가 없는
늙은 아들은
늦둥이 아들이 좋아하며
기르던 토끼 두 마리를
할 수 없이 팔았다
학교에서 돌아 온
아들이 물었다
"토끼 두 마리가 비어요!"
그러자 아버지가 말했다
할머니 병원비 땜에
이웃에게 토끼를 팔았노라고…
늦둥이 아들
영훈이는 자꾸만 눈물이 났다
미안해 하는 아버지를 위해
눈물을 삼키려 하지만
자꾸 눈물이 난다
다들 행복했으면 좋겠다
영훈이… 힘내라

2023. 04. 30 오후 06:31

어느 조그만 마을에
사이 나쁜
고양이와 강아지가 살았다
성격 나쁜 강아지가 먼저
살고 있었고
어느날
길에서 다 죽어가는
고양이를 어여삐 여기사
쥔 아찌가 녀석을 입양했다
잘 지낼리 없다 생각했으나
그게
최선의 방법이었으니
삶은 그런 거다
어쩔 수 없으면
잘 지낼 리 없어도
같이 사는 게 최선인
그런 경우도 있다
그래도 이렇게 사는 게 최선이라며
그들은 오늘도 서로를 힘들어하며
살아간다

고양이 :;~~
"앗, 드뎌 물렸다"

2023. 04. 21 오전 09:16

좋아하는 색은 ?
좋아하는 계절은 ?
좋아하는 책은 ?
그 어느 것도 몰랐다
그녀가 떠난 다음에
알게 된 것들이다
"씨 오브 트리스"
영화의 한 장면이다
추천할 만한 영화다
나도 이제 사람을 만나면
물어봐야겠다
좋아하는 색부터 ~~~
모조리…
요즘 눈에 벌레가 날아 다닌다
비문증이란다
하루 종일 날아 다닌다
노화의 한 과정이란다
너무 늦게 나타났다나 모라나

참고로
난 무겁지 않은 수필을
좋아한다
비문증으로 보는
나의 봄은 혼란스럽다

2023. 04. 17 오후 07:59

믿어도 돼 ?
어플 까는 것도 난관
그 모든 걸 믿어주며
동의를 하는 것도 난관
그렇게 40 여분의 사투 결과 불발…
이게 우리 나잇대의 슬픈 얘기다
그래도 굴하지 않고 다시 해보기다
하다 보면 되겠지 ~~
까잇거…다

봄날은 누구 맘과 같다
잔뜩 잿빛인 봄날 그런 날
공방에 앉아 있으면 경치도 좋고
사람들이 오가며 하는 대화들도 들린다
할아버지 두 분이 친구이신갑다
공방 데크에 제라늄꽃이 피어 있다
그 꽃을 보던 한 할아버지 왈
"이 꽃이 철쭉이야. 곱네"
같이 가시던 할아버지 고개를 끄덕이신다
"이게 철쭉꽃이구만"
그 모양을 목격한 우리 서로를 바라보다
피식 웃었다
봄날은 어째도 아름답고 다 용서가 된다

2023. 04. 03 오후 07:37

하얀 꽃잎이 나폴댔다
또 봄이다
빠알간 명자꽃도
간간이 보랏빛 라일락도
보인다
이런 봄엔 부작용이 있다
뜬금 없이 슬퍼지기도 하고
집 밖을 안 나가고 살기도 하며
어떤 경우엔 말이
없어지기도 한다
오랜 습관과도 같은
봄상태다
조짐이 안 좋다
그러다
티비를 통해 들려온 말
나이 든 지금이 진짜 나 같아…"
나이 들어 좋은 거!
있다
나를 안 숨겨도 된다
그 말처럼
이제서야 나 같다

2023. 03. 19 오후 03:03

아부지랑은
이런 봄녘에 헤어졌다
오래 전 얘기다
그런데
오래 전 얘기가
아닐 수도 있다
난 내일 아부지를 보러 간다
비대면이다
보랏빛 꽃을 고르는데
꽃집 사장님이 물으셨다
"어디 갖고 갈 꽃이예요?"
"산소예요…"
"그 분이 보라색을 좋아하셨나 봐요?"
……
난 아부지가 어떤 색을 좋아하셨는지
모른다
그것만 모르는 건 아니다
난 아부지에 대해 아는 게 없다
이래도 자식이란다
흠 ~~~~

봄녘엔 떠나지 말기다

2023. 03. 17 오후 08:09

버티면 될 줄 알았다
삐그덕 . 삐그덕…
한계점에 다다랐고
순식간에 와장창 ….
사실 쉽게 생각하지만
그러다 힘듦과 맞닥뜨리면
주저앉곤한다
그것도 아주 쉽게…

노배우의 어수룩한 듯
정감있는 노래에
위안을 받아본다
노래의 힘이다
이렇게라도 가다보면
"끝점에 이르겠지" 하며
걷고 또 걷는다
"쓸쓸하던 그 골목을
당신은 기억하십니까
난 아직도 기억합니다 ~~~"

청파동 그 골목에 올라야겠다
그리곤
보고 싶던 그 골목에서
목 놓아 ~~~~
불러 봐야지
"잘 지내시죠 ?...."

오늘도 다 와버린
목적지에서
내리질 못 했다
그 노래가 다 할 때까지
자리에서
꿈쩍도 못 했다
내가 좋아하는 나이 든
그 여배우의 노래 때문이다
벌써 몇 번이고 리와인드 시켜
듣고 또 들었는데
한 노래 가사에서
오래 머뭇거린다

오래 기다릴 거란다
오래……

2023. 03. 03 오후 07:30

사람이 그렇다
가끔 째째하고
쪼잔할 때가 있다
작년에 좋아하는 과일도
아까워 못 사 먹고
여름을 보냈더니
겨울 내내 그 과일만
생각이 났다
올해는 그 녀석이 아무리
비싸더라도 좋은 녀석으로
많이 많이 사 먹을거다

어제 거실에서 쓰던
빨래 건조대가 제자리를
찾아 나갔다
덕분에 겨울 빨래는
뽀송히도 말라줬고
건조함도 문제 없었다
봄날씨는 너무도 변화무쌍해서
봄인가 싶으면 다시 겨울을
계속 반복하며 온다

올 봄은 많이 느껴보며
살기가 목표다

2023. 02. 23 오후 04:03

졸며 먹으며
우는 아이가 있다
자는 게 싫어서란다
어제 동영상을 받고
그 우는 모습을 보며
어찌나 웃었는지 모른다
아이는 우는데 난 웃는다
빙그레 ~~~
살다 보면 뜻하지 않게
좋은 일도 많은 게 삶이다
그래서
더 살아 봐야겠단다
ㅋㅋ

2023. 02. 20 오후 08:13

아련한 눈빛으로 날
20여년 동안 바라봐 왔을
내 어머니는
가신지 38년이 지났지만,
그래서 내 머리에도
하얀 서리가 내렸지만
난 아직도 그 주변을
어슬렁이고 있다
내 나이가 어머니 나이를
육박하고 있으나
난 아직도 어머니가
그립다
오랜 앨범을 정리하다
어머니의 모습과
마주했다
힘드셨겠다
많이…
봄이 오나부다

2023. 01. 20 오전 08:33

아침 운동은 안 해도 되고
내 맘대로 일어나도 되고
강아지, 고양이도 안 돌봐도 되고
밥도 안 해도 된다
그저 띵까띵까 놀면 된다고…
흔히 하는 말
열심히 살았으니 쉬어가라고
그렇게 말은 해주지만
5일의 이 같은 자유는
또 다시 규칙이 생기고
자유는 무슨…
내가 날 옭아 매는데
이게 자유란다
너처럼 자유론 사람이
또 있겠냐고 말들 한다
맞는 말
난 이 가깝고도 먼 나라에서
잘 마치는 방법을 찾고 있다
연구 과제다

2023. 01. 15 오전 12:58

녀석은
티비 시청을 좋아한다
그것도
예능 프로가 아닌
다큐멘터리 쪽에
흥미있어 하는
격조 높은 녀석이다
오늘도 새가 나오는
다큐멘터리를
맛나게도 시청한다
녀석이 눈물 찔찔 흘리며
우리 집에 입성한지
3년째다
허나 우린
한번도 안 싸우고 잘 지내는
쿵짝이 잘 맞는
좋은 관계다

이렇듯
매일이 봄날이면
좋겠다
매일이라서
재미없을 지라도…
아프지 말기다

2023. 01. 03 오전 07:42

오래되면 다 무뎌진다
젊은 날의 열정도 이젠 없다
살며 먼저 보낸 사람들도
많이 잊혀지고 무뎌지고
그러며 산다
살아가야 하니까…
봄날의 꽃들도
이 겨울엔 잊혀진
장면이다
그러나 잊을 만하면
다시 봄날의 꽃들이 찾아 오고
그것도 모자라 만개해
흩날릴 거다
겨울이 지겨워 죽을 거
같을 때 쯤
봄은 찾아 온다
오묘한 이치다
오늘은
새벽 길을 걷다 보고
싶은 이들이 떠올랐다
지금은 만날 수도 없는
아픔이지만 내 기억엔
남아 있으니 됐다
그거면 충분하다고
생각하지만 ~~
안 괜찮다

2022. 12. 16 오전 08:39

눈을
뭉쳐 놓곤
눈 코 입도 못 만들고
저녁을 먹으러 들어 갔을
그 누군가를 대신해
나뭇잎 두 장으로
눈을 만들었다
ㅋㅋ
외계인 눈사람이다
와우 ~~~~
겨울엔 많은 이들이
예술가가 된다

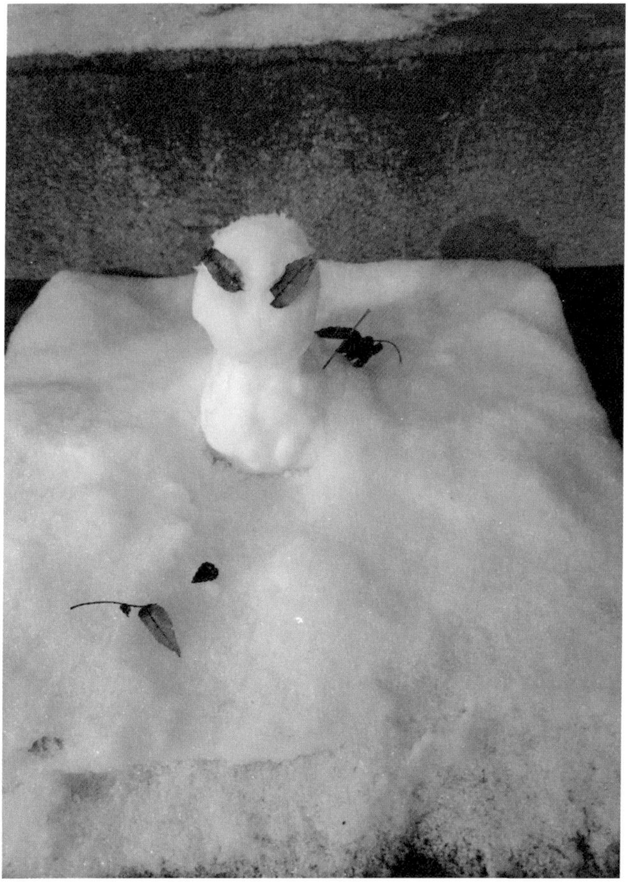

2022. 12. 13 오전 09:01

살아 온 날들이
그리워 오면
잘 산 거다
뒷마당에 빨간 사르비아가
아련해 온다면
나름 잘 산 거다
자고 일어나니
흰눈이 소복이 내려 있었고
그 하얀 길을 바삐도 지나 갔을
발자국을 기억해낸다면
정말 잘 산 거다
자꾸 이렇게 잘 살았다 잘 살았다 해야
살아진단다

2022. 12. 06 오후 07:24

새벽 운동 길에
하얀 먼지 하나 날린다
"뭐야 ~~~"
하얀 먼지 하나 이내 날린다
"음?…"
그러다
하얀 먼지는 친구 여럿을 데려와
춤을 추듯 날렸다
"눈이네!…"

처음부터 날리기 시작한
눈을 보며
어두컴컴한 골목길을 걷는다
누군가 물은 적 있다
"새벽길, 무섭지 않아?"
그래서 말해줬다

난 내가 젤 무섭다고…
말이다

모두 다 사라진 것은 아닌 달
어떤 인디언 달력의 달 이름이다
그렇게 11월을 부른단다
그럼 12월은 어떤가 보니
침묵하는 달
이라고…

침묵 들어가시겠다

20220. 12. 02 오전 07:07

낙서가 취미다
어디든 펜과 종이는
손 가까운 곳에
늘 있다
하다 하다 올해부턴
냉장고에도 낙서장이
붙혀져 있다
그렇게 일 년이 흘러
12월이란다
낙서 덕분에 약속도
덜 까먹고 그렇게 살았으니
그나마 수월한 삶이었다
잘도 간다
세월 ^^
삶에는
낙서하지 말기다

2022. 11. 26 오후 01:54

아침 운동을 패스 ~~
했다
죽어라고 눈뜨면
생각 없이 여느 날처럼
운동 길에 올랐었는데
그런 것들이 싫어졌다
뭐 그리 건강하자고
뭐 그리 오래 살자고…
란 생각에 이르자
모든 게 부질 없어졌다
근데 이게 그리 간단하지
않았다
이제라도 ,
늦게라도 운동을 할까라는
생각으로 복잡했다
이럴 거면
하던 짓 계속할 걸…
머리가 지끈거려 왔다
"뭣이 중헌디?"
중요한 건 없을지도
모를 일이다

2022. 11. 24 오후 08:56

모든 일엔
이게 끝이구나
생각할 순간이 온다
티비를 보다
반려견의 마지막을,
헤어짐을 준비하는
슬픈 모습을 본다
힘들겠다
헤어짐은 결심을 할 때가
젤 아프다

보내는 게 맞을까…
오래 마음 아프더라도
내 맘이 아닌
그 녀석의 맘으로 ^^
생각하면 된다
오래 생각 날 거다
잘 가거라 ~~~

2022. 11. 17 오후 07:07

좋은 시간 되세요?
그 말 한마디가 뭐라고
모르는 이에게 듣는
그 말이
위로였다
버스가 해냈다
그 기사 아저씨 최고!
가끔 별 거 아닌 걸로
위로를 받는다
버스를 안 탔다면
마주치지 않았을 일이다
그래서
어떤 조건, 상황에서도
뭐가 일어날 지 모르는
쫄깃함이 있는 거다

요즘
고요하다

2022. 11. 12 오후 09:13

꼬물꼬물
또르르륵 ^^
그들이 사는 방식이다
빠알간 벽돌을 타고
잘도 커나간다
그런 의지력,
살아 보겠다고
뻗어 나가는
그 생명력에
박수를 보낸다

나보다 니가 낫다

2022. 11. 06 오후 09:35

정신 안 차리고 살래?
초록빛의 지갑을
통째로 잃어버렸다
어디서 그리 됐는지도
모른다
어느 순간부터 안 보인다
카드는 빨리 정지시키고
문제는
주민등록증과 운전면허증이다
그 귀찮음이란…
이런 귀찮음
젤 싫다
정겨운 사진 2장도
함께 없어졌다
나에겐 귀한 건데…
아들 어릴 적 사진과
울 엄마 사진도
함께 굿바이했다
ㅠㅠ

감잎이 이쁜 선명한
색깔로 떨어져있다
주워와 책갈피에
눌러 놓았다
가을이
깊다 ~~~

2022. 11. 04 오후 08:59

어느 날
꽃잎 한 장이 떨어졌다
그러다
또 어느 날
낙엽 한 장이 떨어진다
또르르르 ~~~

세상에서
젤 힘든 노릇은
부모 노릇이다
잘 하지도 못 할 거면서
그렇게
버벅였다
아직도
버벅이고 있다 ~~~
낙엽 한 장이
떨어졌다
또르르르 ^&*

2022. 11. 04 오전 09:49

그런 생각을 한 적이 있다
동물들도 가을을 타는가 ~~~

울 집 반려묘가 요즘 이상하다
창가 둥지에서 하루를 보낸다
개아련이 아닌 묘아련의
그런 얼굴로
창 밖만 바라본다
내가 어찌해 줄 게 없어 보인다
이럴 땐 가만 놔두기다

사람도 힘들 땐
가만 놔두기다

2022. 10. 27 오전 10:59

지켜보고 있다…
어둠 속에서
녀석이 나타났다
잘 좀 해라 ~~~
그들의 관계는
이따위다
상대는 무서워 하거나
떨지도 않는구만
녀석만 모른다

그렇게
살려무나 ^^

2022. 10. 25 오후 11:30

울 고양이가
내 다리를 베고 잔다
그래서
발이 저려오지만
참기로했다
점점 저려 온다
고양이 깰라…
조심 조심

사람한테나
잘 하란다
ㅍㅎㅎ

2022. 10. 16 오후 08:22

윙크하는 화물차 뒤를
따라간다
사람이 윙크하는 것도 아닌데
위로가 돼 왔다
이런 거에 감동하다니
힘들었구나
생각하며 그 화물차를
뒤따라간다

사는 건 다 힘든 거란다 ^^

봄날의 당신

찍은 날/2024. 04. 16
나온 날/2024. 04. 20 1쇄

글 · 사진/서상남

아트디렉터/이하루
표지디자인/이하루
편집디자인/박미라
펴낸 곳/도서출판 하루의산책
주소/16028 경기도 의왕시 내손순환로 127-1
전화번호/031-422-1181
전자우편/haruawalk@gmail.com

ISBN 979-11-976864-3-6

지은이와 협의하여 인지는 생략합니다.
이 책 내용의 전부 또는 일부를 재사용하려면 반드시
지은이와 하루의 산책 양측의 동의를 받아야 합니다.